Vinilo

Francisco Raúl

«Debo dejar de amargarme la vida por asuntos que no me atañen en lo absoluto».

Francisco Raúl (Color de Océano, p 223).

ISBN: 978-958-49-3437-6

Del autor:
Francisco Raúl Arencibia Pardo.

PhD en Proyectos (en estudio). Ingeniero Metalúrgico, Magíster en Ingeniería Industrial, Especialista en Marketing, Diplomado en Docencia Universitaria, Diplomado en Energías Renovables.
Universidad Americana de Europa, México. Instituto Superior Minero Metalúrgico, Cuba. Instituto Superior Politécnico José A. Echeverría, Cuba. Ministerio de Relaciones Exteriores, Cuba.
Instituto Politécnico Superior, Colombia. Instituto Politécnico, Colombia.
francisco.arencibia@unipamplona.edu.co
franciscoraulibros@gmail.com

A Lilianne, libre amanecer en el ocaso.

<u>PROLOGO</u>

Espinoso es el sendero de retorno a casa. Lecciones y sabiduría en el significado sombrío de la soledad y la horrible sed de la mente.

Aprendí a valorar la musicalidad en un poema. Aprendí a golpes sobre el verso y la capacidad de danzar.

Ondas náuticas, soplo del desierto, hiriente espina.

Asimilé al poema extirpado del alma. Verso autentico parido al sobrevivir situaciones donde el pecho explota, dejando escapar ideas no banales, no oxidadas.

Ensayé un versículo único, producto del desgarre donde el pellejo se abandona. Ensayé un grito de sangre, un cabello menos, la cercanía a la muerte en vida.

Costilla de Adán.

Cada hombre tras pasadores impone un rimador sufrido y pateador. Frases arrancadas a las entrañas, vagas y acostadas como posesas. Sin remilgos ni altos quilates; sin métrica,

Sin la *delicatesen* de un afamado.

Y ahí, con incierto trazo, se prepara un aprendiz. Si la quimera se tornase realidad y un adicto a la rima comprometida escuchase desde un anticuado fonógrafo los arreglos, este sería el corolario.

Acaricio el viejo nogal. Es suave al tacto, como la piel adolescente erizada y presta.

Coloco el vinilo y con diestro movimiento desciendo el brazo del equipo. Observo el ondular del acetato, a la espera del ansiado contacto contra la afilada aguja.

Escucho el típico crash y sin desearlo, casi como felino instinto, me preparo para ser asaltado por las primeras notas y la remembranza.

Aparecen los recuerdos, unos hermosos, otros no tanto, terribles los últimos.

El teñir de una guitarra acústica empapa los oídos y enerva el éxtasis de los acordes; es el reino de dioses, ángeles, rejas y deformidades donde pertenezco.

"Rodeada por el hielo, los buques militares y las enfermedades, no tenía mucho tiempo para pensar qué era precisamente lo que deseaba. Lo único cierto era que aunque trataba de mil maneras diferentes no lograba dejar de soñar".

Francisco Raúl (Bögart II p111).

<u>EL MONSTRUO DENTRO DE MÍ.</u>

Odio el monstruo que soy,

reconciliado por arte de magia.

Descendiente del paraíso donde te matan frente a los hijos.

Odio lo insensible y la conversión a doblar el rostro.

El confort me sobrepasa.

Odio continuar soportando la edad y el destiempo de gritar al
monstruo en que me he convertido.

CRITERIO.

Yo, entonces, ahora, emití un criterio.

Al instante se incrustaron sanguijuelas del dolor ajeno.

Rimaron la idea, colocaron gramática, fonética, disciplina.

Encuadernaron el contenido y lo enviaron al son del escrutinio.

Y en segundos era paria donde fui rey.

Reporteros, prensa dominical.

Propuesta, título redondo: el poder acecha y somos traidores.

Y aquel cegado por escarlatas ambiciones rompió mi queja.

Y en segundos era paria donde fui rey.

Seriedad del día y mediocridad nocturna, disfraces ocultan esmeros, embarrándolos de arcilla.

Al matar el sol, todos parten a sus embriagues evaluando a quien colgarle el cartel de enemigo en tierra santa.

Y quedé ahí, lustrando tornillos por la soberbia.

Cuadrado diseño para hacer del vago un ricachón y a las cuadrillas joderlas de apetencia

Aunque tengan – muy de vez en vez… una idea genial.

Cojonudo caballero al   olvido de raíces trastocando mentecatos en zares y fetiches.

Y en segundos era paria donde fui rey

VINILO.

Añoro:

cuando el mundo era tan simple,

cuando un abrazo untaba calor a las heridas,

cuando rezabas de frente el horizonte,

cuando no morías de a poco -encorvado- ante la porquería.

Añoro:

cuando té sonaba a lujo,

cuando crack sufría el sonar de un plato roto.

cuando el pescado fresco reía en la heladera

cuando Omega tres - caro reloj - regalo de mi abuela.

Observo en qué nos hemos convertido,

Gobierno alejado de su gente,

Chupando anhelos [demente],

Alejando mi país hacia el olvido.

Y yo, adorador de sentarme en la poltrona,

dejo la diaria lucha de mendigo

tomo el gramófono / lo enciendo y/

permito al espejismo remar hacia el futuro,

vibro los ojos al crash del vinilo.

Añoro:

cuando el rock de los setenta,

cuando Zep rondaba el estupor,

cuando los rezos eran música y bellas chicas quinceañeras.

cuando el llorar no partía de la miseria.

Añoro:

 Subirme al capó del enorme *maquinón*

donde carnavales paraban sueños y fantasías,

comparados a las nuevas basuras del montón,

empeñadas en crear la polución.

Añoro ser parte del concreto,

ver el mar no como agua y sombrillas,

no tener que amorrar en secreto

el constante deseo de saltar a la otra orilla.

Observo en qué nos hemos convertido,

Gobierno alejado de su gente,

Chupando anhelos [demente],

Alejando mi país hacia el olvido.

Y yo, que adoro sentarme en la poltrona,

dejo la diaria lucha de mendigo

tomo el gramófono / lo enciendo/

dejando a la imaginación reinventarse el tino.

Y vibro los ojos al crash del vinilo.

<u>CIEGO DE LUZ.</u>

Esfumaste tu silueta y con ella

perdí el contacto.

Perdí la fe.

Perdí los poros.

Perdí el reflejo.

Esfumaste tu silueta y con ella

partieron las razas.

Partieron los credos.

Partió mi yo.

Difusa es la luz.

NO LO DEJES CAER.

Cuídame el amor,

no lo dejes caer.

Amárralo con fuerza y

hazlo todo por él.

Tan apegado a ti,

olor el de tu piel.

Apriétalo en tu pecho y

hazlo todo por él.

Un poco de paciencia en

etapa conclusiva.

A punto de reunirnos.

Apuntalar la vida.

Influjo de ilusión,

abriéndose a lo puro.

Hazlo todo por él y

no lo dejes caer.

Cuídame el amor,

no lo dejes caer.

Calienta su esperanza y

hazlo todo por él.

Un día talaremos

esta separación.

Hazlo todo por él,

lo pide y necesita…

el corazón.

<u>PROMESAS DIURNAS.</u>

La luz quedó en protegerme,

volteó el rostro y me mintió.

No sabe la luz cuanto duele

emparentarse en halos y papeles.

Diseñando fraudes está la luz

y yo, de rabia ardo.

Y yo, desencantado caigo.

a pesar de ser la luz

experta en tontos y mentiras.

MI HIJITO.

Estar juntos debiera

en este tu lindo día.

Otro mes feliz en brazos

de tu mami y la alegría.

Contemplas sonriente al mundo,

olfateas protección.

En tu ceja la alegría

y por no estar juntos…

te pido… perdón

Hoy abrazarte es lo más preciado,

ser tu candil,

estar a tu lado,

verte crecer,

darte un gran beso.

Qué no daría yo por eso.

Hoy abrazarte es mi destino,

apartando locura y rocas del camino,
sostén de tu vida con frenesí.

Qué no haría yo por ti.

Estar junto a ti debiera,
 no dentro de la irritación.
Oxidando el alma sola
mientras despierta tu dentición.
Observas sonriente el mundo,
olfateas protección.
Jugar a tu lado jura
tu papi…
que ahora te pide…
perdón.

SENDERO DE RETORNO A CASA.

Arreglo la silueta

en el resplandor de la lejanía.

Es el fin del estupor,

renacer de la alegría.

Aprieto largo la espalda,

soporto la sed y el peso

y camino a paso doble,

falta poco pá darte un beso.

Golpeo piedras y grava.

Golpeo fango y sudor.

Golpeo desesperanzas.

Golpeo tosco al desamor.

Golpeo estiércol y metas.

Golpeo luces y Sol.

Golpeo traiciones vanas.

Golpeo tosco al timador.

En el angosto sendero de retorno al hogar querido.

Prohibido es recordar

y de rabia llorar.

¡Andar erguido!

Largo camino

pá que nunca estés solita.

Apuro el paso resuelto

aprovechando la bajadita.

Golpeo ramas y arbustos.

Golpeo bayas y col.

Golpeo agrios recuerdos.

Golpeo tó lo peor.

Largo camino

pá que nunca estés solita.

Apuro el paso pues veo

el sendero y la manchita.

Pallá voy.

GRACIAS.

Resplandor en la mirada

sentidos cuál fogatas

me arropan y

permiten el vivir.

Ahora vas acompañada

de caritas estampadas,

balbuceantes

como cuerdas de violín.

Son ustedes mis anhelos,

luz que ilumina lo abstracto,

impidiendo con sus risas

desistir.

Atrayendo la calma,

firme ámbar extasiada,

amarrando las tormentas

hacia el fin.

Gracias,

por dar sabor a mis días,

rebosando en mí alegría,

brotando lo puro y mejor.

Gracias,

por levantarme la frente,

reponiendo amor, osadía y

ensanchando

a este pobre corazón.

Resplandor en el examen

de lo que ha sido el desgarre

que no logra traspasar

nuestra pasión.

Ahora estás amamantando a

una carita estampada,

que precisa

ignorar su condición.

Difícil coexistir

entre tanto monstruo huraño,
 carga la frente
al dormir.

Poco saben de nosotros,
ganadores de batallas,
indomables
partimos a subsistir.

Gracias,
por darle sabor a mis días,
rebosando en mí pecho alegría,
brotando lo puro y mejor.

Gracias,
por levantarme la frente,
reponiendo amor, osadía y
ensanchando
a este pobre corazón.

Gracias.

<u>EMIGRANTE</u>

(A Ivonne).

Emigrante,

aquí y allá.

Buscando una micra,

de libertad.

Encadenado

estoy aquí y

nada puedo – ahora -,

hacer por ti.

Hierros y algo

de hipocresía en

sucias manos

de policías.

Va pitando,

la presión – descompresión –,

de esta farsa

involución.

Hija mía no te fallo.

Prefiero que me parta un rayo.

Sé que es duro – ni lo menciones –.

Estoy hasta los cojones.

Patria es nada si no lloras

Si no han muerto dictadores.

Si confunden a los héroes.

Si no hay rumbas ni flores.

No me arrastro por migajas – recuerda –.

no soy de los que se raja.

Más te extraño – no sabes cuánto –.

¡A mitad del espanto!

Suecia, China.

¡Qué más da!

Mejor que esta mierda… ¡ve pallá!

Sal de la letanía.

Fantasía de gelatina.

Avión, bote, camello.

Antes quel olor te llegue al cuello.

Emigrante,

aquí y allá – vas -

buscando algo,

de libertad.

Y yo – arrastrado -,

Me quedo aquí y

muy contento

por verte feliz.

Golpes y algo

de sangre fría en

sucias manos

de policías.

Va pitando,

la presión – opresión -,

de esta farsa

involución.

Emigrante.

Aquí y allá.

Aquí y allá.

Aquí y allá.

ES MÚSICA.

Taratatá – tatata – taratá - Taratatá – tatata – tarará.

Es música mi existencia contigo,

vivos acordes colgados de abrigo.

Es música cuando ensanchas tus brazos y

absorbes mi alma en tu regazo.

Adoro despertar a tu lado

entre sábanas de cartón.

Besando tierno y despacio

a tu inquieto corazón.

Preparar café mañanero,

dar permiso al amanecer.

Nuevo horario de amar la vida,

hinchadita de placer.

Es música mi esencia contigo,

vivas notas que uso de ombligo.

Es música cuando ensanchas tus senos y

absorbes mis rabias y mis venenos.

Concentrado en el trabajo,

arduo – diario - de que sonrías.

Sin permitirle al exterior

empañarnos la alegría.

Adoro abrir la puerta de casa y

ventilar el ámbar de tu miel.

Codiciar entre curvas

gotas de tersa piel.

Taratatá – tatata – tarará - Taratatá – tatata – tarará.

Es concierto mi existencia contigo,

vivos armónicos que uso en el frío.

Es concierto cuando ensanchas los ojos y

absorbes frustración y enojo.

Adoro despertar a tu lado

entre sábanas de cartón.

Besando tierno y despacio

a tu inquieto corazón.

Codiciar entre curvas

gotas de tersa piel.

Abrirle la puerta al mundo,

es fortuna tu quehacer.

Taratatá – tatata – taratá - Taratatá – tatata – tarará.

<u>A MIS PADRES</u>.

Han arrugado el llanto del desvalido:

« No comprendo qué pasa », andan sin raza.

Mientras el tiempo come deprisa,

haciendo añicos la brisa.

Ya no sonríen ni cantan en el silencio:

« Cómo es posible entienda », viudez total.

Con hijos tan dispersos en el recuerdo,

sin tabla para apoyar.

Tantas truncas promesas sufren

mis padres.

Euforia vuelta rabia / olas de

engaño.

Esperanzas nulas / pura basura.

Vidrios huraños ¡Tanto daño!

Han arrugado el llanto del oprimido.

Bloqueo demente dentro de tu nariz.

Hijos quedan envueltos por falso andar.

No basta amarlos.

No basta amarlos.

Trabajas como esclavo,

sin conquistar salvarlos.

Ya no sonríen ni cantan en los altares:

« No es posible alabar », voces del mal.

Opaca tristeza / mundo de rarezas,

sin desear respirar…

se van a ahogar.

Tantas truncas promesas sufren

mis padres (rotos).

Soledad absoluta / cándido

tonto.

Pesadilla imperiosa / ronquido

extraño.

Vidrios huraños.

¡Tanto daño!

QUISIERA CONTIGO.

Quisiera contigo volar,

contigo volar

y al cielo atrapar.

Alejarte de todo sufrir,

de todo sufrir

y empujarte a vivir.

Quisiera contigo escarbar,

contigo escarbar

y al núcleo inundar.

Aplastar el infierno   senil,

infierno senil

y engrapar juvenil.

No_ apruebo – [tristeza en tus ojos].

No_ autorizo – [suspiros y enojo].

No_ permito – [habitaciones extrañas].

No_ tolero – [telarañas].

Quisiera contigo pintar,

contigo pintar

y poderte crear.

Estrangular al temor,

todo temor

y dar paso al amor.

Quisiera contigo danzar,

contigo danzar

y no descansar.

Ser el eterno tenor,

eterno tenor

y mucho mejor.

No_ sobrellevo – [oraciones a rastras].

No_ transijo – [cuando me aplastan].

No_ admito – [la mentira].

No_ soporto – [puño en la mira].

Quisiera contigo escapar,

contigo escapar

a otro lugar.

Alejarnos sin mirar atrás,

sin mirar atrás

y recomenzar.

Prepara maletas y sal,

maletas y sal

a navegar .

Sin destino, todo da igual,

Todo da igual.

Recomenzar.

UNA BEBÉ CON MUCHA SUERTE.

(A Lilianne).

Asustado por noticias y negro cielo, palpo un destello en tu mirada.

Apaciguo el espíritu ante el inmenso de las incógnitas y lo árido en nueva finca.

Has nacido en tierra espinosa.

Complejas son las rosas,

pero crecen.

Cautela es hogaza de mofletudos y arrugados.

PRISMA.

Rebotará el arcoíris en mi pecho

y brillará el prisma de mi rostro,

despejándome de lo gris que hoy me viste

y que me hace ser:

un hombre triste.

Rasgaré las pecas de piel marchita

y devolveré la lozanía al desespero,

aunque ardan las heridas y la angustia

que me hacen ser:

un alma mustia.

Odio el gris del uniforme.

Gris de los captores odio.

Odio el gris de mi país

Gris que me hace ser:

infeliz.

Rociaré alegría en los olores

y haré al aroma escalar a tu ventana,

cuando cambie el gris de mi cintura

que me hace ser:

amargura.

No me rinde la falta de prismas y fé,

soy el nigromante de colores

que me harán capaz de voltear:

gris en pleamar.

Rememoro el azul [de la risa].

Evoco el verdor [de la esperanza].

Añoro el rojo [de la prisa].

Medito el frescor [de la verdad].

Gris proyecto vegetar en emancipación.

SOMBRAS.

Sombras sacuden aliento en pena

arrebatando triste condena

sin regocijo ni sol.

Sombras envuelven los estremecimientos

atrapando los momentos

coexistíamos cual flor.

Sombras feroces no logro despojar

obligándome a voltear

sin encandilar ni cejar.

Sombras destrozan claridad

asomando perversidad,

desbordando querellas.

Cuánto diera por frotar de
sombras
nuestro camino.
Enfocar nítido halo que nos
depara la savia.

Soplando de sombras el viento.
Manos, besos, contento.
Darles final eterno.
Por siempre enterrar lo
enfermo.
Atrapar las sombras.
Acercarlas y susurrarles.
Escuchen…
Adiós.

SIN TU CALOR.

Bate mi rostro

el gélido frío.

Sueño despierto – inquieto –.

Amor mío.

Suspiran ráfagas,

escarcha y abrigo.

Soy quien no duerme hoy contigo.

Crueldad infinita

oprime mi alma

cuando requiero tu calma.

Contemplo el invierno,

expongo el fervor,

no avistarás mi dolor.

Te extraño tanto en cada soplo.

Te extraño tanto, muero de a poco.

En este invierno/ tan duro y frío.

Sin tu calor, amor mío.

Te extraño tanto, tanta presión.

Te extraño tanto, de corazón.

En este invierno, tan duro y frío.

Sin tu calor, amor mío.

Bate mi rostro

el gélido frío.

Cierro los ojos – y ahí estás –.

Amor mío.

Suspiran ráfagas,

hielo sin abrigo.

Soy quien no duerme hoy contigo.

Te extraño tanto, tanto, tanto… amor mío.

TU SONRISA.

Caen gobiernos, caen aviones

caen montañas – *aluviones.*

Caen truenos, rayos cenizas

más nunca cae – *tu sonrisa.*

Aferrado lo bello

entre misiles, sangre y soldados.

Nunca cae tu sonrisa

la que me sostiene – *enamorado.*

La que me sostiene – *enamorado.*

Cae la piel, arrugada,

maquillaje en la vía.

Caen políticas coartadas

más nunca cae – *tu sonrisa.*

Manteniendo al diablo celoso

entre terremotos e hipocresía.

Nunca cae tu sonrisa

la que sostiene – *mis días.*

La que sostiene – *mis días.*

Nunca cae tu sonrisa

aunque lluevan los demonios.

Nunca cae tu sonrisa

así ardan – *manicomios.*

Nunca cae tu sonrisa

ante el miedo a lo armado.

Nunca cae tu sonrisa

la que me sostiene – *enamorado.*

La que me sostiene – *enamorado.*

"¿Existe un precio para la amistad? ¿Hay un punto de balance donde los amigos ceden y la familia no?".

Francisco Raúl (Bögart III p323).

MIS AMIGOS.

Quedan mis amigos anti herrumbre.

Visitas cada vez que un chance aflora.

Produciendo el combustible necesario

para probar que la amistad / escasa /

pura, existe

y te sostiene.

Quisiera verlos más de lo que puedo,

añoranza entre parámetros cerrados.

Basta con tiempo de abrigo,

 calor que me brindan – suficiente –,

a pesar del tic tac erosionado.

       Quedan mis amigos
       cuando el alma muere.

       Quedan mis amigos

los que no mendigo.

Quedan mis amigos

pase lo que pase y

quedan, quedan mis amigos:

los más queridos.

Pláticas sobre rock y viejas pelis.

Repatrían hazañas y cuentos verdes.

Horas ellas que retraen envejecer la memoria,

retomando épocas de glorias

para probar que la amistad / escasa /

pura, existe

y te vanagloria.

Ahí llegan mis amigos anti herrumbre.

Aspiro verdor a través de las cadenas.

Cargo baterías hasta el próximo,

cuando ya nada supere las faenas,

probando que la amistad / escasa /

pura, existe

y vale la pena.

Quedan mis amigos

cuando el alma muere.

Quedan mis amigos

los que no mendigo.

Quedan mis amigos

pase lo que pase y

     quedan, quedan mis amigos:

          Los más queridos.

Es obligatorio abrazo

a pesar de hoscas miradas

y verdosos uniformes.

<u>PESADILLAS</u>.

Pesadillas dobles invaden mi sueño donde
no nos reconocemos ni queremos.

Ambas almas alejadas,
vagabundas; hastiadas.

Pesadillas dobles estremecen la noche donde
no hay hijos, cunas ni coches.

Abandonado por Dios,
macabra broma no sentir aroma.

Por favor
hazme despertar.

No quiero seguir este laberinto,
no quiero llorar.

Amarrar el ardor de tu ternura,

amarrar mis retoños – respirar el sol.

Borrar esta falsa pesadilla.

Borrar el dolor.

Por favor,

sacude el pernoctar.

No quiero sofocar mis ilusiones,

depresión y alucinaciones.

No.

Pesadillas dobles invaden mi espacio

al amanecer.

Aguardando al horizonte y con él,

volverte a ver.

Pesadillas dobles laceran el compás

donde presiono recuerdos, besos, voluntad.

Abandonado por Dios,

macabra broma no sentir aroma.

Por favor,

hazme repudiar.

No quiero ser un pávido topo,

no quiero sollozar.

Desechar fantasmas de tus ausencias,

desechar enemigos – respirar el mar.

Borrar esta falsa pesadilla.

Borrar el titubear.

Por favor,

no me abandones a fracasar.

Son solo inseguridades tontas.

Jugarretas de una mente absorta.

No.

Pesadillas dobles invaden mi espacio

al amanecer.

Aguardando al horizonte y con él,

volverte a ver.

ECLIPSE DE CONCIENCIA.

Conciencia…

Conciencia…

¿Conciencia?

Opaca el eclipse de conciencia,

oscureciendo el porqué de la existencia.

En esta roca donde la indecencia,

puja por romper esencias.

Penetra los más puros pensamientos,

sofocando de a uno los momentos,

en que el pudor soportaba al viento,

sin resentimientos.

Eclipse de conciencia.

Suspiro que se olvida.

Proyectos hoy ausencias.

Apuesta a la apatía.

Eclipse de conciencia.

Registro a lo animal.

Apartan los recuerdos.

De cara frente al mal.

Conciencia…

Conciencia…

¿Conciencia?

Agotado de tanto oportunismo,

bagazo clavando el heroísmo.

Carrera de fondo hacia el…

Modernas doctrinas - novedoso esclavismo.

Opaca el eclipse a lo hermoso,

creando bochornos pegajosos,

doblándonos el lomo, oneroso,

hueco negro, negro foso.

Eclipse de conciencia.

Cerebros se agrietan.

Impulsos, incoherencias.

Del horror una ponencia.

Eclipse de conciencia,

caldo de cultivo.

Arrastra lo decente,

andrajos de mendigo.

Es cuestión tan vulgar

promocionar el altar

no para subsanar.

Te van a crucificar.

Eclipse de conciencia.

PASOS DE ÁNGEL.

Lo único en el mundo,

temblor del paraíso.

Perpetuando lo sincero

como hechizo

de mi ser, bajo la piel.

Auténtico, cimero.

Laúd plañidero.

Pasos de ángel.

Trinar del aliento.

Parece imposible de regar

el amor,

donde amanece y no vuelan

las calandrias.

Más logras con tu aleteo
avivar, el ardor.

Pasos de ángel.
De candor.
Impulsos, incoherencias,
languideciendo en esencia.

Lo único en el mundo,
temblor del infierno.
Perpetuando lo sincero
como hechizo
de mi ser, bajo la piel.

Genuino, benévolo.
Acorde verdadero.

Pasos de ángel.
Gorjear del aliento.

Parece absurdo inmortalizar

el amor,

donde clarea y no polinizan

los insectos.

Más logras con tu aleteo

avivar, el ardor.

Pasos de ángel.

De candor.

NO VAS A VER VENIR EL SUSTO.

De sayones - estoy rodeado

en palacio obeso y estropeado.

Deja que los dientes limen por gusto.

No vas a ver venir el susto.

Es útil revisarse por dentro

y no continuar volando en placidez,

si es *bad* la delincuencia

too bad es la prepotencia.

Ando rodeando actitudes.

Tinieblas laceran virtudes en macabro presidente impuesto

por puños y dientes.

Empujando fiero dentro de la fosa

mortal víbora venenosa.

Esbirro, estoy pal daño.

Cada día, todo el año.

Soy una bomba de tiempo.

Después no deseo arrepentimientos.

No vas a ver venir el susto.

Tendrás lo merecido ante tanto abuso.

Lo mío es por puro gozo.

No aguanto los monumentos.
Putrefacto fingimiento.

Esbirro - estoy cercado.

Palacio de alambres obesos y atascados – es lo mismo -.

Deja que los dientes limen por agrado.

No vas a ver venir el susto.

SACRIFICIO.

Hoy, ahora, en este instante,

pujando el sucumbir ante mis ojos.

Ingresado sujeto por ataduras

siquiatras que auguraron chifladura.

Las noticias basura escupen

 buenaventura y democraciap

Hombres de bien en mi país

sangran por la nariz.

En comunión

son víctimas de humillación.

Solo tienes una vía

en tierra de perturbados.

Hagas o no hagas pasarás tiempo

entre suicidados.

Es horrible, sin opción,

sacerdote o camaleón.

Tanto hablar de evolución

y eres carne de cañón.

Han tratado de morir ante mis ojos

desorbitados por la crueldad de mi ciudad.

Terrible es el Edén de los parias.

donde inmigró hace una vida renegada.

Horrorizado ando hoy.

Han tratado de morir ante mis ojos.

Suicidas

que nada esperan de la vida

Y círculo cerrado cual tenazas.

Y nos ocupamos del exterior.

Y nuestro suelo perece en pedazos.

Y el odio infecta a la tierra.

Rencor

del impostor.

LA TRAICIÓN.

Asalta el desconsuelo

a mi cognición.

Manosea el cielo y estremece

infierno – traición.

Lóbrego lugar,

dependes del buen actuar,

 la cordura tanto aduce

a un corazón que fiel pulse.

Asalta la tristeza.

De razón invasión.

Asalta el juicio llano.

Asalta absolución.

Asalta la honradez.

De moral invasión.

Asalta la lealtad.

Asalta al perdón.

Asalta la felonía.

Deshonesta invasión.

Asalta la lealtad.

Asalta al perdón.

Asalta la traición

a la inocencia.

Tornando marmóreo el verde páramo

Reposo de mi antiguo yo.

Soy fuerte ahora

azuzado en mis entrañas todas,

agridulce sabor

perder la virginidad

prostíbulo a la amistad.

<u>MAREMOTO</u>.

Envía, oh Dios

un maremoto

arrasa con la pena

del inútil en pasto

de locos.

Fuerza de olas

embravecidas

pon

fin a las heridas.

Vengar el bochorno

y la rabia

por bailar la danza

de las marionetas rancias.

Salitre inunda al agudísimo

repiqueteo de *fanfarrias*

tan, tan de *l'optimisme.*

Y retorne a mi bonita sala

limpia de inmundicias malas.

Envía, oh Dios

un maremoto.

Arrasa con la pena

del inútil en pasto

de locos.

Durando solo el brote

un nuevo empeño.

Permite la

oportunidad

de sobrevivir

sin quemar los sueños.

Lejos, bien lejos.

SI NO HUBIERA SIDO.

Si no hubiera sido

oportuna.

Desierto encontrarías

el brillo de la luna.

Si no hubiera sido

rastrillo.

Sequía en el mar

sin peces ni colmillos.

Si no hubiera sido

perseverante.

castillo de naipes

end del aguante.

Si no hubiera sido

pujanza en tu brazo.

Recogerías manchas
mil pedazos.

Eres roble, aserrío.
Cabo del hacha
pá cortar hastíos.

Gracias a tu firmeza
esta dermis
sorteó las ansias.

Resbalando monstruos entre rocas...
- ilusión de un día-
-no muy lejano-
-hallar tu boca-.

PASA EL TIEMPO.

Pasa el tiempo.

Nadie sabe.

Un segundo.

A la calle.

"A donde iría a parar el desmembrado proyecto que
movió generaciones y que boquea ahogado en su propia
quimera".

Francisco Raúl.

(*Mala suerte*. Paradoja del necio pastor de ovejas 71).

<u>PASA EL TIEMPO II.</u>

El tiempo pasa y

despeja lo terrible.

Final apretado,

no por hecho el deseado.

No encuentro justicia

en el olimpo.

 Ya no me deslumbran sus

sedosas túnicas.

Ocurre cuando de tanto repetirse

la mentira toma forma

de dragón.

Las llamas reducen en

cenizas los anhelos.

Se descorre el velo

de la confianza y el perdón.

De agraciado chico a nigromante.

El tiempo pasa y lo terrible

logra despejarse.

Final apretado,

 no por hecho el deseado.

No encuentro justicia

en el olimpo.

Ya no me deslumbran sus

sedosas túnicas.

Ya no me deslumbran

sus brincos.

Nada me deslumbra.

NADIE SABE.

Nadie distingue

en este mundo

el aguante de un hombre

tras los hierros.

Ganar respirar.

Cuando muere la verdad:

¿Qué nos queda?

Hatajo de ratas

en grosero afán

de enmascararse.

No confíes nunca en los

Mesías.

Dicen bajar del cielo.

Será quienes devoren tu mundo

y escupan tus restos.

en el suelo.

Nadie sabe

el aguante de un hombre,

de gallardo a infecto

en una ráfaga de luz.

Mortecina ella, mortecinos todos.

Cuando muere la bondad:

¿Qué nos queda?

Manada de fieras sin memoria,

masticando quienes o qué fuimos.

No confíes nunca

en loas y caricias.

Las sablistas

son más fieles.

<u>HAY UN TIPO QUE ME ODIA</u>.

Hay un tipo que me odia.

Poderoso tipo.

Más allá del bien y del mal.

Con una pezuña borra la dieta y volando al desamparo.

Prepotente tipo.

Ese mi enemigo.

Más allá del bien y del mal.

Se cuida tanto que ya no ladra, ni habla, ni ríe, ni amigos tiene.

Maúlla el tipo,

con rojas sanguijuelas en forma de hueleculos rondándole la panza.

Ese mi enemigo, el pobre.

Ni sé las motivas del tipo que me odia.

Más allá del bien y del mal.

Ni me interesan.

El tiempo no aplica a tonterías.

Así sea el grosor de su pezuña.

Poltrona, audífonos y un sorbo de café.

Hoy ha sido uno de esos días en que los nubarrones atraen la sonrisa del medianamente satisfecho.

Hoy ha sido uno de esos días en sentirme un paso más cerca de la sinceridad aún acariciado por extrañas fincas.

Bögart.
Copyright © 2017 por Francisco Raúl
ISBN: 978-84-17005-52-8
ISBN Digital: 978-84-17005-53-5
Ediciones Lacre
Idioma: Inglés.

Desertor.
Copyright © 2016 por Francisco Raúl.
ISBN: 978-84-16815-78-4
ISBN Digital: 978-84-16815-79-1
Ediciones Lacre

A mar abierto. (Poesía)
Primera edición: septiembre de 2016
© Ilustración: "Partida" de Francisco Raúl
ISBN: 978-84-16815-38-8
ISBN Digital: 978-84-16815-39-5
Ediciones Lacre

Color de Océano.
Copyright © 2016 por Francisco Raúl.
ISBN: 978-84-16815-14-2
ISBN Digital: 978-84-16815-15-9
Ediciones Lacre

FRANCISCO
Raúl
BöGarT

Bögart II. Venganza Brutal.

Copyright © 2015 por Francisco Raúl.
Número de Control de la Biblioteca del Congreso de EE.
UU.: 2015902180
ISBN: Tapa Dura 978-1-4633-9972-6
Ediciones Palibrio

Bögart III. FINANZIER.
Copyright © 2015 por Francisco Raúl.
Número de Control de la Biblioteca del Congreso de EE.
UU.: 2014916011
ISBN: Tapa Dura 978-1-5065-0424-7
Ediciones Palibrio

Nuestro viejo amigo el cáñamo

Editorial Académica Española

www.ingramcontent.com/pod-product-compliance
Lightning Source LLC
Chambersburg PA
CBHW051448150726
48000CB00005B/2302